Stanley Péan

TAXIMAN

Mise en page : Virginie Turcotte
Maquette de couverture : Étienne Bienvenu
Dépôt légal : 2ᵉ trimestre 2010
© pour la présente édition Mémoire d'encrier, 2010.

Catalogage avant publication de Bibliothèque et Archives nationales du
Québec et Bibliothèque et Archives Canada
Péan, Stanley, 1966-
Taximan
(Collection En bref)
Éd. originale : 2004.
ISBN 978-2-923713-35-9
I. Titre. II. Collection : Collection En bref (Mémoire d'encrier (Firme)).
PS8581.E24T39 2010   C843'.54   C2010-941600-7
PS9581.E24T39 2010

Nous reconnaissons le soutien du Conseil des Arts du Canada.

 Conseil des Arts
du Canada

Mémoire d'encrier
 1260, rue Bélanger, bureau 201
Montréal, Québec
H2S 1H9
Tél. : (514) 989-1491
Téléc. : (514) 928-9217
info@memoiredencrier.com
www.memoiredencrier.com

Stanley Péan

TAXIMAN

PROPOS ET ANECDOTES
RECUEILLIS DEPUIS LA BANQUETTE ARRIÈRE

ÉDITION REVUE ET AUGMENTÉE

COLLECTION EN BREF

À mon père, Mèt Mo,
déjà vingt-trois ans cet automne...
aux travailleurs et travailleuses
de l'industrie du taxi,
qui sillonnent nuit et jour
les avenues de la vie

Du même auteur

Romans et nouvelles

La plage des songes, nouvelles, Cidihca, 1988; Bibliothèque Québécoise, 1998.

Le tumulte de mon sang, thriller, Québec-Amérique, 1991 (Prix littéraire du Crsbp du Saguenay / Lac Saint-Jean 1992); La courte échelle, 2001.

Sombres allées, nouvelles, Cidihca, 1992.

Zombi Blues, thriller, La courte échelle, 1996; J'ai Lu, 1999; Marco Tropea Editore, 2010 (en traduction italienne).

Noirs désirs, nouvelles, Leméac, 1999.

La nuit démasque, nouvelles, Planète rebelle, 2000.

Le cabinet du Docteur K, nouvelles, Planète rebelle, 2001.

Cette étrangeté coutumière, J'ai vu, 2001.

Romans et nouvelles pour la jeunesse

L'emprise de la nuit, roman, La courte échelle, 1993.

La mémoire ensanglantée, roman, La courte échelle, 1994.

L'automne sauvage, conte, Trécarré, 1994.

Treize pas vers l'inconnu, nouvelles, La courte échelle, 1996.

L'appel des loups, roman, La courte échelle, 1997 (Prix littéraire du Crsbp du Saguenay / Lac Saint-Jean 1998).

Quand la bête est humaine, roman, La courte échelle, 1997.

Un petit garçon qui avait peur de tout et de rien, conte, La courte échelle, 1998.

Le temps s'enfuit, roman, La courte échelle, 1999 (Prix Mr Christie 2000, catégorie roman pour ados).

Non-fiction

Toute la ville en jazz, Trait d'union, 1999 (Prix littéraire du Salon du livre du Saguenay / Lac Saint-Jean 1999, catégorie essai).

Pl@nète culture, répertoire d'adresses culturelles dans Internet, Planète rebelle, 2000.

Jazzman: chroniques et anecdotes autour d'une passion, Mémoire d'encrier, 2006.

Quand les autos penseront, les Rolls-Royce
seront plus angoissées que les taxis.
Henri Michaux

C'est dommage que tous les gens
qui savent comment diriger un pays
soient occupés à conduire les taxis
ou à couper les cheveux.
George Burns

EN VOITURE !

Il y a quelques années, pour rendre service à un ami de Québec qui travaillait comme infographiste, j'avais profité d'un passage à Montréal pour aller remettre en personne les épreuves d'un livre aux bureaux d'un éditeur montréalais de ma connaissance. D'un naturel pince-sans-rire, l'éditeur avait accueilli ma visite en s'exclamant à l'intention de la réceptionniste qui venait de m'annoncer :

– J'avais pourtant bien spécifié que je ne voulais pas qu'on nous envoie ces épreuves par taxi ! C'est beaucoup trop cher, une course Montréal-Québec !

Le plaisantin faisait bien entendu allusion à la forte proportion de taximen montréalais d'origine haïtienne, qui font croire à bien des racistes qu'un Haïtien, voire un Noir tout court, ne saurait se destiner à aucune autre profession. Sans doute mon ami éditeur n'ignorait pas que bien des taximen haïtiens détenaient des diplômes universitaires et que c'étaient souvent d'inutiles complications bureaucratiques qui empêchaient la reconnaissance de leurs compétences dans leur domaine d'études. Mais le préjugé avait comme tous les préjugés la couenne dure, d'où sa blague en m'apercevant, colis en main, dans le vestibule de la maison d'édition.

Un Haïtien est forcément taximan, non ?

Dans mon cas, cette idée reçue est plutôt incongrue et vous me permettrez d'en expliquer la raison par une confession, à peine concevable en cette ère où la virilité d'un homme semble parfois liée au modèle de son automobile : je n'ai pas de permis de conduire, je n'ai même jamais appris à conduire. Je ne pourrais même pas expliquer pourquoi je ne m'en suis jamais donné la peine. C'est comme ça, tout simplement. Et conséquemment, quand j'ai à me déplacer en ville, j'utilise parfois le transport en commun, mais le plus souvent le taxi.

Moi-même, je n'ai pas idée des sommes faramineuses que j'ai dépensées en taxi au cours des vingt dernières années. Et sans doute vaut-il mieux pour mon moral qu'il en demeure ainsi. On me dit grand seigneur et dépensier, et c'est juste, mais je sais depuis toujours que cet argent n'a pas été dilapidé. Durant toutes ces années, j'ai noté mentalement les échanges parfois laconiques, parfois orageux que j'ai avec les chauffeurs de taxi. Depuis le temps, ceux-ci et celles-là – car il arrive que le chauffeur soit une femme — sont devenus des connaissances plus ou moins familières, avec qui j'échange sur un tas de sujets pas forcément anodins.

À Montréal, plus particulièrement, où les Haïtiens sont très présents dans l'industrie du taxi, je fraternise volontiers avec ces quelques chauffeurs qui me comprent comme un client régulier et m'apostrophent le plus souvent en créole. Davantage que ma famille ou que mes amis, rejetons de l'immigration haïtienne comme moi, ce sont ces chauffeurs qui constituent mon lien le plus solide avec l'importante communauté haïtiano-québécoise d'une part et avec mon pays natal de l'autre.

D'où l'idée de ce bouquin, qui s'inspire de propos entendus et d'anecdotes vécues sur la banquette arrière de ces véhicules. Je l'ai conçu comme une suite de petits flashes, un florilège d'esquisses croquées sur le vif, d'amorces de réflexion jamais plus longues que la course en taxi qui les a provoquées.

Mais, trêve de préambule : le taximètre tourne déjà.

Vous montez ou pas ?

J'ai déjà relaté ailleurs cette anecdote. Comme elle est quasiment aussi vieille que moi, on m'excusera à l'avance si le souvenir que j'en ai n'est pas absolument fidèle à la réalité dans les menus détails.

Novembre 1966 : fraîchement débarqué au Québec en provenance d'Haïti, mon père, le défunt Mèt Mo, fait la connaissance d'un Jonquiérois, un bonhomme tout ce qu'il y a de plus sympathique avec qui il converse un moment dans un autobus ou un train, plus moyen de vérifier. J'imagine sans peine les sujets abordés : la sempiternelle tragédie politique haïtienne, les rigueurs de l'hiver québécois, l'accent trop ou pas assez prononcé... Le baratin habituel, quoi !

Mèt Mo et l'homme se séparent sur une note amicale. Puis, étant donné les dimensions modestes de Jonquière, ils se croisent inévitablement quelques mois après, dans le taxi du monsieur. Reconnaissant en son exotique passager son compagnon de voyage, le chauffeur s'empresse de s'enquérir de la famille, de la nouvelle vie, etc., et demande

15

à mon père s'il s'est trouvé du travail. Mèt Mo lui répond : oui, à l'école secondaire Guillaume-Tremblay[1]. Ravi, le bonhomme lui demande si c'est comme cuisinier à la cafétéria.

— Hélas non, de rétorquer mon père, affectant un air déçu. J'aurais bien aimé, mais il n'y avait plus de poste disponible. J'ai dû me contenter d'un emploi de prof de français.

---

1 Rebaptisée depuis École polyvalente d'Arvida.

– Votre visage me dit quelque chose ; vous ne seriez pas… ? me demande le chauffeur, un Haïtien dans la cinquantaine grisonnante.

J'anticipe avec un brin d'appréhension la fin de la question. On me l'a posée tellement souvent depuis des années : à la caisse au supermarché, en taxi (et même dans le cas de chauffeurs haïtiens !) ou ailleurs.

Attendez que je me souvienne… La première fois, la plus terrible des fois où ça m'est arrivé, c'était au Salon du Livre du Saguenay, qui se tenait à l'école polyvalente de Jonquière, à l'automne 1989. On m'y a invité pour présenter mon premier livre, *La plage des songes*. Mon pote, l'écrivain et journaliste Dany Laferrière, s'y trouve aussi. Il descend tout juste du podium où il participait à une table ronde et vient vers moi. Nous échangeons quelques mots puis chacun s'en retourne à ses activités.

Il ne se passe pas trois minutes avant qu'une dame m'aborde, me demandant si c'était bien moi sur le podium tantôt…

Même chose le lendemain, à quelques minutes de la clôture de l'événement. Les organisateurs jubilent : ç'a été un beau Salon, avec une fréquentation record. Je bavarde avec une copine de mon frère Reynald quand soudain se pointe une bénévole de l'organisation, celle-là même qui, deux jours plus tôt, m'avait remis le badge identifié au nom de Stanley Péan que je porte toujours à la boutonnière. Elle tient à me remercier de m'être déplacé pour le Salon, me félicite pour mon livre… et m'encourage à continuer « mon formidable travail à la télévision ! »

Ma mâchoire se décroche. La dame est certaine qu'elle converse avec Dany Laferrière. Et que personne n'aille lui dire que c'est impossible, que Dany avait pris l'avion pour Montréal le matin même, qu'elle ne pouvait donc pas l'avoir rencontré en après-midi. Pour elle, je suis Dany Laferrière.

Au Salon du Livre de Québec, quelque temps après, je bavarde avec mon amie Anne Dandurand. La préposée d'un stand interpelle Anne dont elle a beaucoup apprécié le roman *Un cœur qui craque*, s'inquiète de savoir si Anne a autre chose en chantier, etc. Puis elle se tourne vers moi et me demande si je n'aurais pas par hasard publié quelque chose moi aussi.

Voulant parer le coup, je la devance :

– Oui, un recueil de nouvelles, *La plage des songes,* signé Stanley Péan.

Sans broncher, la femme accueille ma réponse avec un sourire affable, elle me répond que c'est intéressant, mais…

— Mais l'autre-là, celui qui a écrit *Comment faire l'amour avec un noir* (sic) *sans se fatiguer*, c'est quoi son nom, déjà?

Je pourrais multiplier à l'infini les variantes de cette anecdote, mais je crois que ça suffira. L'Autre. Je veux bien croire que tous les nègres se ressemblent – moi même, il m'arrive de prendre mon reflet dans le miroir pour celui d'un autre –, mais il y a tout de même des limites, non?

Si ça continue, je finirai parano. Quand des inconnus m'accostent, j'en suis rendu à douter qu'ils s'adressent vraiment à moi. Je nage en plein épisode de *The Twilight Zone!* Pourtant, bordel, le Québec ne compte pas que Dany et moi comme écrivains noirs, comme Noirs tout court.

Qu'à cela ne tienne, je le clame à nouveau: «non, je ne suis pas Dany Laferrière!»

Nous ne sommes même pas apparentés. Et même si nous sommes tous deux natifs d'Haïti, sa famille est issue de Petit-Goâve et la mienne, du Cap. Qu'on nous confonde à Montréal ou à Québec, passerait encore, à la rigueur. Mais en pleine polyvalente de Jonquière, dans mon alma mater, dans cette école où mon père fut durant des années la bête noire de tous les étudiants, celle-là même où je fus directeur du journal étudiant et président du conseil étudiant? Je proteste. J'aime encore mieux être étiqueté comme «le frère à Reynald» ou «le frère à Steve»!

Tenez-le-vous pour dit: je ne suis pas Dany Laferrière. Et si jamais vous me croisez, ne venez pas me demander où j'en suis avec le scénario de *Comment faire l'amour avec deux nègres et les distinguer!*

Le chauffeur achève sa question, m'arrachant à ma songerie:

– Vous ne seriez pas l'écrivain et journaliste Stanley Péan?

Nos regards se croisent dans le rétroviseur. Avec un sourire niais, j'acquiesce d'un signe de tête en me disant qu'il me faudra demander un jour à Dany Laferrière si on ne lui a pas un jour posé la même question.

Ce serait comme un baume pour mon ego.

– Ban'm zen an, non…

C'est plus qu'une invitation, quasiment un ordre. Des taximen haïtiens me le servent souvent, dès qu'ils m'identifient. Même après toutes ces années à Montréal, j'avoue que je reste toujours un peu interloqué quand on m'apostrophe en créole. Chez nous, lorsque ma cousine Joëlle, mon frère Reynald et moi étions enfants, mon père nous interdisait de parler créole, même s'il adressait volontiers la parole à ma mère dans cette langue. S'imaginait-il que nous n'en comprenions pas un traître mot? Quoi qu'il en soit, il insistait pour que nous apprenions d'abord à maîtriser la langue de Molière avant de songer à emprunter celle de Languichatte[2].

Quand à la fin de l'adolescence, je me suis mis à répondre en créole aux interjections de Mèt Mo ou aux questions de mon oncle Émile, son

_____

2 Populaire auteur haïtien de sketches théâtraux comiques en créole.

frère, quand par la suite je me suis mis à insérer des passages en langue créole dans mes premières nouvelles, mon père n'hésitait pas à exprimer son dépit à force de *tchuip*[3] fort éloquents.

— *Ti gason, sispann ranse, non: pou ki sa ou kwè fò w pale kreyòl, ou ki pa menm ayisyen vre?*[4], lançait invariablement le Mèt, cherchant vraisemblablement à me blesser dans mon orgueil. Le chauffeur attend toujours ma réaction. Je traduis mentalement: *banm zen a,* raconte-moi les dernières nouvelles, les plus récents commérages, les nouvelles rumeurs. Je veux bien. Encore faut-il choisir l'histoire la plus susceptible d'intéresser mon interlocuteur.

— *Ki zen ou bezwen tande, mon chè?* m'arrive-t-il de répondre, pour gagner du temps, ce qui a rarement l'heur de plaire au chauffeur. Quel commérage voulez-vous que je vous raconte?

Comme chez mon père, le *tchuip*, sonore, ne tarde pas à venir, en signe de déception.

— *Ah, ou pa ayisyen vre*[5], déduit-il.

Je ne serais donc pas un authentique Haïtien. Soit. Mais voudrait-on me dire à quoi donc le degré d'haïtianitude se mesure-t-il?

---

3 Onomatopée très utilisée par les Haïtiens pour marquer le dégoût, le dépit, le désappointement.
4 «Pourquoi te sens-tu dans l'obligation de parler créole, toi qui n'es même pas vraiment haïtien?»
5 «Ah, vous n'êtes pas un vrai Haïtien.»

Quand on me demande d'où je suis, j'ai toujours un moment d'hésitation avant de répondre. Originaire de Port-au-Prince, j'ai passé toute ma jeunesse à Jonquière, où mes parents se sont installés l'année même de ma naissance. Québécois, certes, mais avec des racines dans un pays que j'ai appris à connaître à travers la mémoire d'autrui; Haïtien par le sang, mais élevé dans un milieu radicalement différent de la terre de mes aïeux. Québécois et Haïtien, donc, à la fois l'un et l'autre et pourtant ni tout à fait l'un, ni tout à fait l'autre.

Au milieu des années soixante-dix, les Péan s'étaient «fait construire», comme on dit au Saguenay, dans le développement résidentiel qui bourgeonnait sur le vaste champ ayant appartenu au bonhomme Gagnon, cultivateur et propriétaire terrien. Cela faisait dix ans que ma famille avait quitté Haïti et l'achat de cette maison représentait en quelque sorte un signe de résignation: le retour au pays ne serait alors pas pour demain.

Le petit bungalow de la rue De la Tamise abritait mon père Maurice, ma mère Irène, leurs cinq enfants ainsi que leur nièce Joëlle, confiée à leurs soins par sa mère dès sa naissance. Comme la majorité des immigrants haïtiens de la «première vague», mes parents appartenaient à cette classe privilégiée de notre société d'origine qui avait fui la terreur du régime duvaliériste.

Depuis des années, mon père gardait le souvenir amer d'un entretien avec Luc Désir, lieutenant dévoué de Papa Doc et éminence grise des tontons macoutes, qui s'était soldé par des gifles. Et rarement mon père me paraissait-il aussi amer que ces fois où il évoquait, les dents serrées sur sa hargne, cet homme qu'il considérait à juste titre comme un chien enragé!

Fils d'un magistrat du Cap-Haïtien, et lui-même avocat de formation, Mèt Mo avait pu poursuivre ses études supérieures à l'École nationale d'administration de Paris, grâce à une bourse substantielle de l'UNESCO. Encore aujourd'hui, il arrive que ma mère, Lady I, comme la surnomme sa sœur Michèle, évoque cette année passée avec lui dans la ville-lumière, qu'elle nous fasse rigoler aux larmes avec une anecdote inédite sur Maurice en douce France, à cette époque où Paris pouvait encore passer pour le centre du monde. Après quelques années dans la haute fonction publique sous le gouvernement de Paul Eugène Magloire, il avait ensuite fait carrière dans l'enseignement du français à Port-au-Prince après la chute du gouvernement de Magloire et avait poursuivi dans la même voie à Jonquière.

En ce temps-là – mais c'est encore le cas aujourd'hui –, les Noirs n'étaient pas légion au Royaume du Saguenay Lac Saint-Jean; une dizaine de foyers haïtiens disséminés sur toute l'étendue du territoire au gros maximum: les Cadet, les

Dauphin, les Kavanagh, les Mathieu, les Métellus, les Norris… et les Péan, bien entendu, répartis en trois foyers à Jonquière et Kénogami. D'ailleurs, un ministre fédéral ne s'est-il pas un jour félicité en Chambre du fait qu'au contraire de Montréal sa région n'ait pas été « dérangée » par l'immigration ? Tout compte fait, ma famille constituait l'essentiel de la communauté haïtienne de mon patelin. C'est dire combien la formation d'un gang de délinquants ou même la tenue d'une manifestation dans les rues aurait été malcommode !

J'avais donc grandi en quasi banlieue de cette bourgade de province, effectuant plusieurs fois par jour l'aller-retour entre la petite Haïti transplantée en notre modeste bungalow et l'univers québécois-tissé-serré de notre milieu d'accueil – et ce, sans jamais avoir à produire de pièces d'identité !

Aujourd'hui, à Montréal, il arrive que les flics m'interpellent pour avoir traversé une rue déserte sans attendre le feu vert… histoire de ne pas dire pour délit de faciès, de cheveux crépus et de nez camus ! Qu'on ne se méprenne pas : je fais une distinction entre les policiers, de braves types pour la plupart, et ces autres, les flics à qui il arrive de viser la tête de jeunes noirs même pas armés, coupables de ressembler vaguement au portrait-robot d'un bandit recherché ou de n'avoir pas payé leur course en taxi.

Sous le soleil, des adolescents noirs vêtus à la mode hip-hop traînent les pieds le long du boulevard Saint-Michel, s'attroupent entre les pizzerias à un dollar la pointe, et les dépanneurs dépositaires de Cola Couronne et autres douceurs tropicales, autour de la parade des Lolitas d'ébène.

— *Nou rive, wi, mèt!* m'annonce le chauffeur en se rangeant.

On y est.

Rien ne servait de lui donner l'adresse exacte de la Maison d'Haïti : qu'il habite ou non le quartier Saint-Michel, tout taximan haïtien qui se respecte peut trouver sans peine ce phare de la vie communautaire. Dans le coin, on compte près de 16 000 résidents d'origine haïtienne. Si le secteur n'est pas celui où l'on en trouve le plus – il y en a le double dans Parc Extension-Rosemont –, il possède néanmoins la plus forte densité de population haïtiano-montréalaise de la métropole. Près de la moitié de la clientèle des écoles du coin est née de parents venus de cette île où « la

négritude se mit debout pour la première fois»,
pour reprendre la formule magistrale du poète
Aimé Césaire.

– *Twòp vagabondaj nan lari a!* fulmine le
chauffeur.

Trop de vagabondage dans les rues! Le
commentaire fait écho à des récriminations enten-
dues partout où la diaspora haïtienne a essaimé
depuis quarante ans. Par un beau vendredi après-
midi, il y a de cela quelques années, à cause d'une
vague de délits commis par de jeunes Haïtiens,
les policiers du coin avaient réagi en arrêtant
tous les jeunes Noirs présents au métro Saint-
Michel à l'heure de pointe. L'opération Mouche
noire – c'est le nom qu'on lui avait donné – n'avait
pas manqué de provoquer l'ire de la communauté,
d'autant plus que parmi les soixante-dix inculpés,
une dizaine seulement était réellement impliquée
dans les gangs.

Comme beaucoup de compatriotes de sa
génération, qui ne s'imaginaient pas qu'ils immi-
graient pour de bon, mon chauffeur de taxi
éprouve un certain désarroi à l'égard de ces jeunes
qui ont en apparence rejeté la culture haïtienne
proprement dite et qu'on ne reconnaît plus dans
les rues, tellement ils ont assimilé la mode et le
modèle négro-américains du hip-hop.

– Même leur créole n'est pas du créole pour
vrai, mes amis! s'était-il exclamé un peu plus tôt,

quand nous abordions le sujet. Leur patois est un mélange indigeste de créole, d'anglais et de mauvais français québécois…

J'avoue que l'étonnement de nos aînés devant ce qui distingue les nouvelles générations de la leur m'exaspère un brin. Pourtant, on n'avait pas besoin d'être sociologue pour anticiper les conséquences de la migration sur la transmission de la culture d'origine.

Dans un billet publié il y a quelques années, j'essayais de brosser le portrait de cette culture haïtiano-québécoise, née de l'inévitable métissage et je l'avais située quelque part entre le rada[6] et le rap, entre la *soup joumou*[7] du Premier de l'an, la tourtière du Lac Saint-Jean et la poutine McDo. Entre le créole, l'anglais et ce français québécois que méprisent certains de nos aînés, élevés dans l'admiration béate de la France. La culture haïtiano-québécoise, incarnée par des jeunes comme les rappers du groupe Muzion, a des racines résolument ancrées dans la terre pluri-ethnique du Québec d'aujourd'hui.

Mais l'heure n'est pas à la sociologie d'opérette : je dois interviewer aujourd'hui un travailleur social haïtien qui a mis sur pied une patrouille de jeunes qui arpentent les rues du quartier pour

---

6 Rythme du répertoire vaudou.
7 Soupe au potiron, que mon père préparait traditionnellement le jour de l'An.

inciter leurs congénères à ne pas commettre d'actes regrettables qui leur vaudraient un petit tour au poste de police le plus proche.

Cette anecdote-ci aussi me fait sourire. Il m'arrive souvent de la raconter, lorsque j'ai à expliquer à de jeunes lecteurs comment les incidents en apparence banals s'insèrent parfois dans des livres.

J'étais à Ottawa, où j'avais passé trois jours à siéger sur un jury pour le Conseil des Arts du Canada. C'était ma dernière visite dans la région de l'Outaouais pour cette année où j'étais venu à trois reprises, la dernière occasion pour moi d'aller noter quelques détails de «couleur locale» absolument nécessaires à ce passage de mon roman *Zombi Blues* qui se déroule à Hull.

— As-tu des plans pour la soirée? de me demander l'amie avec qui je soupais dans un *steak house* décent près du Parlement.

— Oui, je dois aller visiter un cimetière. Tu veux m'accompagner?

Est-il besoin de préciser que ma copine a décliné l'invitation?

Qu'à cela ne tienne. Nous nous séparons à la sortie du restaurant. Il est près de vingt-trois heures. Juste le temps de passer à ma chambre pour prendre mon carnet de notes puis je saute dans l'un des taxis garés au poste en face de l'hôtel.

– *Where to, sir?*

– Connaissez-vous bien Hull? que je lui réponds.

– *Hull, of course I know Hull. Right across the river…*

Oui, moi aussi, je sais. Aux traits de son visage basané et à son accent, je devine que mon chauffeur est un immigrant récent, probablement originaire de la Turquie ou du Pakistan. Daniel, un condisciple du Cégep de Jonquière avec qui j'ai pris une bière l'avant-veille en souvenir du bon vieux temps, m'a dit qu'il y avait un cimetière à Hull – la ville portait encore ce nom, à l'époque –, à peu près à la même hauteur que mon hôtel, sur la rive québécoise de la rivière Outaouais. Ce serait l'endroit idéal où enterrer le personnage sur les funérailles duquel s'ouvre le roman.

– Je vous demande si vous connaissez bien Hull parce que je dois aller au cimetière sur le boulevard Taché.

Mon chauffeur de taxi affiche un air interloqué.

– Cimetière?

Une chose que j'ai apprise à propos d'Ottawa, capitale de ce pays que Pierre Elliott Trudeau rêvait bilingue « d'un Atlantique à l'autre », comme dirait

Jean Chrétien, c'est qu'il vaut souvent mieux y faire comme à Rome : adopter les us et coutumes locales. Comme disait Mèt Mo, mon père, qui avait un proverbe ou une locution pour chaque occasion : *si'w vle ale nan veye koukou...*[8]

— *Yes, the cemetery.*

— *Cemetery?*

L'ennui, c'est que l'anglais de mon interlocuteur semble tout aussi rudimentaire que son français, puisque ni le mot «*cemetery*» ni «*graveyard*» ne semblent signifier quoi que ce soit pour lui. Nous roulons déjà sur le pont qui enjambe l'Outaouais déployé comme un drap de satin mouvant.

— *Graveyard? Is that a bar?*

— *No, it's a place where you bury dead people.*

— *Dead people?*

Comme je n'ai pas envie de tourner en rond en taxi, je lui recommande d'appeler la Centrale pour qu'on lui précise la route. J'entends le répartiteur lui dire qu'il trouvera ledit cimetière sur le boulevard Taché en effet, un petit peu avant d'arriver au pont Champlain.

— *Champlain Bridge, I know Champlain Bridge!* triomphe-t-il, pour me rassurer sans doute.

---

8 Ledit proverbe va comme suit : *si'w vle ale nan veye koukou, fò'w manje kaka chwal*, c'est-à-dire «si tu veux aller à la veillée des coucous, il te faudra comme les coucous manger du crottin de cheval.»

Et pourtant, engagés sur le boulevard Taché dans la direction indiquée, nous approchons du pont Champlain sans avoir aperçu le moindre cimetière. Je prie mon chauffeur de s'arrêter au dépanneur le plus près, où j'irai demander mon chemin.

Fort aimable, la caissière m'apprend que j'ai dépassé le cimetière de quelques coins de rue à peine. Comment ai-je pu le manquer alors? Simple: parce que mon ami Daniel m'avait dit qu'on ne voyait pas la rivière depuis le cimetière, je me suis borné à surveiller le côté droit du boulevard alors que le cimetière se trouvait à gauche, tout près du poste de pompiers. Revenu au taxi, j'en informe mon chauffeur.

— *Fire station, I know fire station!*

Et nous rebroussons chemin.

— *Here, there it is!* que je m'exclame à mon tour, comme un marin apercevant la terre au loin après des mois en haute mer, j'exagère à peine.

Ce n'est qu'au moment où je pointe du doigt le terrain semé de pierres tombales, encerclé d'un assez dense boisé, que le chauffeur constate avec stupéfaction ma destination. De toute évidence, il n'a pas coutume de déposer des passagers dans un cimetière un vendredi soir autour de minuit.

Je lui tends un billet de vingt dollars, accepte la monnaie qu'il me rend et fait mine de débarquer. Perplexe, il veut savoir s'il doit m'attendre.

Je lui fais signe que non.

– *Have a good evening, sir,* bredouille-t-il alors, décidément médusé.

S'il avait été versé en culture vaudou, sans doute m'aurait-il rebaptisé Baron Vendredi.

À peine débarqué du bus en provenance de Québec, je me glisse sur la banquette arrière du véhicule et indique au chauffeur ma destination. Il est tard et je n'ai pas forcément envie de faire la conversation. Ça tombe bien, le chauffeur, un Haïtien d'à peu près mon âge, est lui-même trop pris par son entretien téléphonique pour s'en formaliser. Il tourne à gauche sur Saint-Hubert, remonte la côte en direction du Plateau, en poursuivant à l'intention de son interlocuteur.

Malgré l'heure tardive, un CD joue à tue-tête et il me semble reconnaître Sweet Mickey, je suis même persuadé que c'est Sweet Mickey. Et compte tenu de la suite, j'aimerais pouvoir écrire ici que c'était la chanson *Pa manyen fanm lan konsa*[9], mais ce serait un trop beau hasard, je donnerais l'impression de tricher avec le réel.

---

9 Le titre se traduit littéralement par «Tu ne devrais pas tripoter cette femme ainsi». Cette chanson fort humoristique sur la séduction d'une femme déjà prise se chante sur l'air d'«Angola» de Cesaria Evora.

Je suis crevé, ne rêve plus que de mon lit, mais ne peux m'empêcher de suivre distraitement le dialogue de mon chauffeur. Sans doute s'imagine-t-il que je ne parle ni ne comprends le créole, que je ne suis même pas haïtien. Comment s'expliquer autrement son impudeur?

Il est notamment question de «ses» femmes – il en a plusieurs, c'est manifeste, ce qui confirme une idée reçue tenace sur le machisme (présumé ou avéré) des Haïtiens. À ce que je déduis de ses interjections, il est en colère contre l'un de ses amis, qui n'a décidément pas de succès auprès du beau sexe, à qui il aurait «cédé» l'une de ses amantes par pure compassion. Apparemment, la conduite du bénéficiaire avec ladite demoiselle n'est pas à la hauteur des attentes de mon chauffeur.

– *Ou imagine w: se fanm pa m mwen ba li e msye al fè malònèt avè l!* s'exclame-t-il. *Fanm pa m, wi!*[10]

Je souris. Décidément, le comportement de son compère fait songer à un autre dicton, québécois celui-là: «si tu donnes à manger à un cochon...»

10 «Tu imagines: je lui fais don d'une de mes femmes et ce monsieur se conduit en malotru avec elle! Une de mes femmes!»

Ces deux là, vous ne les verrez pas à la télé, pas plus que vous ne saurez leur nom. Qu'il vous suffise de savoir que leurs points de vue m'ont semblé sur le coup au moins aussi intéressants que ceux de Pierre Trudeau… ou de Céline Dion.

Le premier, un Québécois de souche, était venu me chercher chez ma mère, alors qu'une urgence me rappelait à Montréal. Entre le parc des Braves et la gare centrale de Québec, il avait épuisé les refrains habituels (la pluie à n'en plus finir, l'été qu'on n'a pas eu, etc.) si vite qu'il lui a fallu se mettre à improviser. Du coup, nous avons adopté le mode appel-réponse si courant dans le gospel : ce que je faisais dans la vie, si je comptais retourner dans mon pays (en Afrique !) après mes études.

Allez savoir pourquoi, j'ai joué le jeu. J'ai évoqué ma lointaine Abidjan, le poste de prof auquel je retournerais une fois mon doctorat obtenu. La scène se passait en automne 1992. À la radio, on parlait de l'«Affaire Wilhelmy» et de ses répercussions sur l'entente de Charlot-tetown[11], j'en ai profité pour lui demander des explications sur ce marais constitutionnel dans lequel son pays s'embourbait. Sans remonter au Déluge, il m'a esquissé une rétrospective des abus perpétrés contre le Québec par le Canada Anglais, avec la complicité des vendus comme Bourassa, Mulroney, Chrétien et cie. Un concentré d'histoire québécoise en dix minutes, dynamique et animé : le plébiscite de 1942, la Gifle d'octobre 1970, le terrorisme politique du fédéral en 1980, le rapatriement de la Constitution, le Lac Meech, la comédie du martyr des Anglo-Québécois qui, n'en déplaise à feu Mordechai Richler, sont la minorité la plus choyée au monde – à l'exception peut-être des Afrikaners ! Depuis Lord Durham, a-t-il déclaré, le Canada anglais mène une campagne sournoise dont le but ultime est l'élimination définitive du peuple québécois.

---

11 Pour mémoire, rappelons qu'à l'automne 1992, quelques heures après la fin de la conférence de Charlottetown au cours de laquelle les premiers ministres avaient conclu l'entente constitutionnelle qui devait faire l'objet d'un référendum, les médias ont mis la main sur l'enregistrement pirate d'une conversation téléphonique entre Me André Tremblay, expert en droit constitutionnel, bras droit du ministre Gil Rémillard, qui revient de Charlottetown, et Mme Diane Wilhelmy, secrétaire générale associée aux affaires intergouvernementales canadiennes, qui reçoit l'appel à son domicile de Québec. Frappé initialement d'un embargo, ledit enregistrement, où les deux hauts fonctionnaires critiquaient sévèrement la mollesse du Premier Ministre Robert Bourassa à la table de négociation, aurait un impact dévastateur sur les résultats de la campagne référendaire en cours.

On approchait de la Gare. En sortant mon portefeuille, je lui ai dit, en bon avocat du Diable, qu'on avait longtemps cru en Afrique que l'indépendance réglerait tous les problèmes. Après quarante ans, on s'était rendu à la tragique évidence du contraire...

*

L'autre, je l'ai rencontré le lendemain dans des circonstances inverses. Hélé sur René-Lévesque Ouest; direction Terminus Berri, à l'heure du retour pour la Capitale.

À celui-là, un Haïtien, pas moyen de mentir sur mes origines, d'autant plus qu'il m'avait vu la veille à la télé. Dans sa Jetta, il y avait un bon vieux *konpa dirèk*[12] plutôt qu'un bulletin d'informations nationales, mais il traînait sur la banquette arrière une édition de *La Presse* avec manchette sur la campagne référendaire. Voilà qui m'autorisait à détourner la conversation centrée jusque-là sur l'improbable retour au pouvoir du président Aristide, renversé par Cédras l'année d'avant.

Le rétroviseur réfléchissait son visage, repeint aux couleurs de la surprise. Le type ne savait pas quoi répondre. J'ai insisté. Il vivait ici depuis quinze, vingt ans; impossible qu'il n'ait pas la moindre opinion sur le Québec et le Canada. Il a fini par capituler. Venus ici avec leurs deux filles, sa femme et lui avaient connu le purgatoire

---

12 Forme typique de la musique populaire haïtienne.

des *factories*, qui tout de même était préférable à l'enfer duvaliériste, certes, mais qui ne ressemblait pas pour autant au paradis. Depuis, les choses s'étaient améliorées : sa femme travaillait selon un horaire plus humain, pour un salaire plus décent ; l'une de ses filles irait bientôt à l'université.

Même si l'angoisse du renvoi au pays des macoutes l'avait quitté, d'autres inquiétudes le tourmentaient et lui faisaient envisager un éventuel retour au pays. Pourquoi ? Il ne se sent pas d'appartenance au Québec ? Le mythe de la stabilité économique du Canada l'avait attiré ici il y a dix ans, m'a-t-il expliqué ; pourtant, il avait voté OUI en 1980 parce que la cause des Québécois qui l'avaient accueilli lui semblait légitime. Mais aujourd'hui, avec tous ces groupes d'extrême droite qui réclament un Québec souverain et blanc…

Ne confondons pas nationalisme et nazisme, ai-je objecté. Il m'a répondu qu'en Haïti, c'est justement des refrains sur la fierté nationale qui ont porté Papa Doc au pouvoir… La montée de l'extrême droite, et du néo-nazisme, lui ai-je fait remarquer, n'est pas exclusive au Québec et n'est certainement pas liée au destin constitutionnel du Canada. Il m'a donné raison, en ajoutant toutefois que le débat ne le concernait pas, qu'il n'irait pas voter au référendum. Souveraineté ou non, il préférerait retourner chez lui où, s'il était tué par un macoute, ce serait tout de même par l'un des siens.

Faisant fi du mythe voulant que les taximen haïtiens cherchent toujours à arnaquer le client, il s'est rendu à Berri sans détour suspect. Au moment d'accepter le pourboire que je lui tendais, il m'a félicité encore de mon succès (il n'a pas vu les rapports de vente de mes bouquins, le naïf!) et adressé un « *Kenbe pa lage, mèt*[13] ! » candide.

Plus tard, inconfortablement calé entre les bras d'un fauteuil de l'autobus qui filait sur l'autoroute 20, j'ai repensé aux deux hommes. Les années avaient donné tort au romancier anglo-canadien Hugh MacLennan ; le Canada n'est plus composé de deux solitudes, mais de nombreuses solitudes qui suivent dans la cité des routes à jamais parallèles.

---

13 « Tenez bon, accrochez-vous. »

Celui-ci n'est pas haïtien, même s'il le revendique. Après m'avoir accueilli avec une salve de blagues et de calembours, il me demande d'où je viens. Et ayant obtenu réponse, il me fait cet aveu pour le moins déconcertant.

— Je détiens un passeport haïtien, moi, vous savez, me dit-il avec cet accent dont j'ai peine à identifier la provenance. Je peux même vous le montrer, si vous le voulez.

Pas la peine, je ne suis pas du genre Saint-Thomas, je ne tiens pas tant que ça à toucher de mes doigts la plaie à son flanc. Mais la déclaration mérite explication tout de même. Goguenard, l'homme s'exécute.

— Il y a une vingtaine d'années, j'ai séjourné à Jacmel à plusieurs reprises. J'avais quitté la Pologne depuis longtemps et j'allais passer mes vacances dans votre pays.

Que dit-il? Dans «notre» pays, puisque c'est également le sien. Je n'ose cependant pas interrompre son soliloque nostalgique sur les beautés du patelin de René Depestre, d'autant plus qu'il me fascine. La majesté des mornes. Les parfums salins. La beauté des Jacméliennes. Ce n'est toutefois pas le discours d'un abonné du Club Med, mais bien celui d'un homme qui s'est immergé dans la culture locale, qui a côtoyé les gens. L'explication de sa naturalisation ne tarde d'ailleurs pas :

— C'est un fait historique méconnu. Beaucoup, sinon la totalité des Polonais, conscrits dans les troupes envoyées en Haïti par Napoléon pour pacifier les soulèvements haïtiens, ont changé de camp une fois rendus là-bas...

Oui, je me souviens avoir lu à ce propos, dans un roman de Roger Dorsinville, si ma mémoire ne me fait pas défaut. Au lendemain de la déclaration de l'Indépendance d'Haïti, les Polonais étaient d'ailleurs devenus les seuls Blancs à se voir accueillir de bonne grâce sur le territoire de l'ex-colonie de Saint-Domingue et la Pologne l'amie officielle de la nouvelle République. Les descendants de ces soldats se sont éparpillés dans des villages sur les mornes perchés, difficiles d'accès. Aujourd'hui encore, il existe de ces cimetières montagnards dont les stèles n'affichent que des noms à consonance polonaise.

— Eh bien, il est inscrit dans la constitution que tout Polonais qui désire obtenir la citoyenneté haïtienne n'a qu'à la demander, c'est vraiment rien qu'une formalité, poursuit mon chauffeur. Alors une fois, pendant l'un de mes séjours, j'en ai fait la demande…

Vraiment, cette tragique moitié d'île ne finira jamais de m'étonner. Mais l'homme n'a pas terminé son récit.

– Il faut dire que j'avais, comment vous dites, *yon menaj*[14] là-bas, ajoute-t-il, les yeux rieurs.

Tiens donc, on peut inverser le genre du proverbe, mais la proposition semble ne jamais se démentir : qui prend pays prend épouse… Je note toutefois l'emploi de l'imparfait.

– Vous vous êtes marié en Haïti ?

– Pas tout à fait, mais presque. Elle était tellement belle, on s'aimait beaucoup, je passais tout mon temps avec elle. Et j'allais entreprendre les démarches pour la faire rentrer ici au Canada. Mais à mon retour à Jacmel quelques mois après, j'ai découvert qu'elle était enceinte.

– De vous ?

– Non, de son ex-petit ami. À vrai dire, elle l'était déjà quand on s'était connus, mais ne me l'avait pas dit. Là, elle en était à un stade où sa grossesse était plus difficile à cacher. Elle m'a confié que le père et elle avaient renoué en mon absence, qu'ils comptaient élever le petit ensemble. Elle avait les larmes aux yeux, parce que je crois qu'elle m'aimait vraiment.

---

14 Une amoureuse.

— Alors, vous êtes reparti.

— Le cœur brisé, oui, dit-il, un sourire indéfinissable aux lèvres.

— Et vous n'êtes jamais retourné ?

— Jamais non. À quoi bon ? J'avais perdu ma femme.

Là, il marque une pause avant d'ajouter, un ton plus bas.

— Vous savez, Monsieur, le pire, c'est que quand on a goûté aux femmes créoles, on ne retourne pas aisément aux Blanches… Tiens, voilà une variation inédite sur la formule « *Once you go black, you never come back* ». L'homme me sourit à nouveau dans son rétroviseur, d'un air entendu.

— C'est pourquoi, Monsieur, j'ai fini par épouser une ravissante Thaïlandaise, conclut-il.

Et il a même avec lui des photos de sa ravissante conjointe, en bikini sur une plage quelconque, à me faire voir comme autant de preuves à verser à son dossier.

Il faut tirer la portière avec vigueur pour s'assurer qu'elle est bien fermée. Voilà qui est fait. J'indique au chauffeur la destination.

– Tiens, vous allez dans le Nord…, remarque-t-il.

Le Nord, c'est bien relatif, alors mieux vaut ne jamais le perdre. La course doit me mener de Pointe-Saint-Charles au Plateau Mont-Royal, pas plus loin.

– Le Nord, en quelque sorte. Mais à vous entendre, on dirait que vous parlez d'Haïti, que je lui dis.

…«ou du Saguenay», ai-je eu envie d'ajouter.

– Ah, vous êtes Haïtien.

– D'origine, oui. À quoi l'avez-vous deviné?

– Ça s'entend.

J'arque un sourcil.

– Vraiment? C'est la première fois qu'on me passe la remarque.

À son tour de s'étonner.

– Vous plaisantez.

– Non, non. La plupart des autres chauffeurs haïtiens me reprochent de parler comme un Québécois.

– C'est compréhensible, acquiesce-t-il avec un signe de tête. C'est un accent qu'on ne souhaite à personne, pas même à son pire ennemi, l'accent québécois.

– Vous exagérez, tout de même.

– Pas du tout. À mes premiers temps ici, j'étais incapable de saisir ce qu'ils racontaient.

Voilà qui rappelle certains commentaires désobligeants de mon père, qui avait à l'égard de ses étudiants jonquiérois les mêmes exigences de rectitude linguistique qu'à l'endroit de ses enfants. Mais j'ai trop souvent entendu ce jugement à l'emporte-pièce qui dérive de cette arrogance parisienne qui fait qu'au journal télévisé de France 1, je l'ai déjà vu, on sous-titre à l'occasion des témoignages recueillis dans le Midi, comme si le quidam interviewé s'exprimait dans une langue étrangère.

– Il y a combien de temps que vous êtes au Québec ?

– Je suis arrivé à Montréal il y a dix ans, mon cher, me répond le chauffeur. Avant, j'ai vécu une vingtaine d'années à Paris.

Je pourrais lui dire que ça aussi, ça s'entend, mais n'insistons pas.

— Vous êtes de quelle région ?

— En Haïti ou au Québec ?

Il laisse échapper un *tchuip* bien senti.

— En Haïti, en Haïti, mon cher.

— Je suis né à Port-au-Prince, mais ma famille est du Cap.

— Ah, le Royaume du Nord, on y revient. C'est comme une petite Haïti dans Haïti. C'est drôle, votre accent n'est ni celui du Nord, ni celui de la capitale.

— Mes parents se sont installés à Jonquière quand j'étais bébé.

— Jonquière, c'est où, ça ? Dans Lanaudière ?

— Non, vous pensez à Joliette. Jonquière, c'est au Saguenay Lac Saint-Jean, à deux heures de route au nord de Québec. C'est comme un petit Québec dans le Nord du Québec.

Du coup, je me demande si c'est à dessein que ce fier Capois qu'était mon père a choisi de s'installer dans ce royaume du Nord, coupé du reste du pays par une importante chaîne de montagnes. Décidément, il y a des coïncidences qui commandent le sourire.

Il faut bien l'avouer, je suis toujours à l'affût de ces histoires singulières, parfois tragiques, parfois anodines, qui composent nos existences. Bien plus que simplement disponible : carrément en chasse. C'est normal. Tous les écrivains aiment bien entrer par effraction dans le jardin secret des autres, pour y cueillir quelque fleur radieuse, quelque mauvaise herbe qu'ils incorporent ensuite à leur œuvre, perpétuellement en cours. Les écrivains sont des voleurs de vies, des vampires.

Mais il arrive qu'une course en taxi se déroule dans le silence le plus funeste. Inutile de le déplorer, c'est ainsi. Il arrive qu'une fois la destination annoncée, la voiture roule sans qu'il y ait le moindre mot entre chauffeur et passager. Cela dépend des dispositions de l'un et de l'autre, je suppose, d'une chimie qui n'opère pas, d'un je-ne-sais-quoi.

Alors, le vampire se résigne à jeûner. Il reste assis sur la banquette arrière, à lire les manchettes du journal qui traîne à ses côtés, à regarder défiler le paysage urbain, à l'écoute de ses petites musiques intérieures, ses petits blues de lendemain de veille.

Et il repense à ses vieux péchés.

D'accord, je n'en ferai pas une règle coulée dans le béton, mais, à ce que j'ai pu constater, rares sont les taximen qui écoutent Radio-Classique ou Cité Rock-Détente. Rares sont également ceux qui syntonisent Radio-Canada, sauf à l'heure des informations internationales. Non, la majorité des taximen haïtiens sont branchés sur les radios haïtiennes de Montréal, où l'on entend de la musique antillaise, des émissions animées par des radioévangélistes qui promettent à leurs ouailles le salut de leur âme ou encore des tribunes téléphoniques portant parfois sur la sempiternelle crise au pays, comme c'est le cas ici.

Je m'installe et annonce ma destination : l'aéroport de Dorval, récemment rebaptisé par Jean Chrétien « aéroport Pierre-Elliot-Trudeau », ce qui est une manière d'aberration quand on se rappelle les décisions controversées et pas très brillantes du défunt chef d'État dans le dossier du développement du trafic aérien à Montréal. Le chauffeur, un Haïtien à peine peu plus âgé que moi, soumet un trajet inusité à mon approbation. Ça me va, pourvu que je sois où je dois être à l'heure qu'il le faut. La voiture démarre.

Le chemin qu'il a choisi est manifestement le meilleur : jusqu'ici, nous avons évité tous les bouchons. Si ça se trouve, j'arriverai même à l'aéroport avec un peu d'avance.

— Vous rentrez en Haïti ? me demande-t-il.

— Non, je prends un vol interne. Rouyn-Noranda, en Abitibi ; Salon du livre oblige…

À sa mine, j'ai quasiment l'impression que je lui parle d'un lieu perdu au cœur de la jungle. C'est bizarre, mais beaucoup de mes congénères vivent comme de vrais Montréalais natifs-natals, c'est-à-dire avec une méconnaissance totale de la géographie du reste du territoire québécois. Insulaire un jour, insulaire toujours, apparemment.

— Il y a longtemps que vous n'êtes pas allé au pays ?

— Oh, pas trop longtemps, me répond-il. J'essaie d'y aller deux fois par année, au moins.

— Vous avez encore beaucoup de famille là-bas ?

— Oui, mais je n'y vais pas que pour les voir. Je trouve important de me ressourcer, de garder le contact avec moi-même. Et vous ?

— J'ai pas mal d'oncles et de tantes là-bas, dont quelques-uns qui ont vécu longtemps à l'étranger et qui sont retournés pour la retraite.

— Et vous, vous y retournez souvent?

— Pas souvent; à vrai dire, je ne connais pas beaucoup Haïti, lui confessé-je, candide. Je suis né à Port-au-Prince, mais mes parents sont venus ici quand j'étais bébé et j'y suis retourné juste une fois enfant et à deux reprises ces dernières années.

— Vous ne connaissez pas, en effet.

À la radio, l'animateur de la tribune télé phonique et ses auditeurs discutaient du rapatriement par la garde côtière américaine de plus d'une centaine de *boat people* haïtiens vers la bourgade de Bizoton et du rapatriement de quelques centaines d'autres par le gouvernement des Bahamas. Le chauffeur et moi écoutons et ponctuons la discussion de nos propres analyses. Nous nous entendons sur un point: il est déjà tragique que des pauvres gens pensent à laisser le pays pour des raisons économiques, mais c'est encore plus tragique lorsque ceux-ci périssent en haute mer. Mais comment expliquer l'hypocrisie des gouvernements étrangers qui refoulent ces malheureux sans s'arrêter aux conditions de vie qui les ont incités à l'exode dans des embarcations de fortune?

— De la part de l'Amérique de George Bush, ça ne m'étonne pas beaucoup, opine mon interlocuteur. Mais je suis un peu déçu des Bahamiens… Enfin, comme on dit chez nous, *depi lan Ginen nèg pa vle wè nèg*, je suppose.

En digne fils de Mèt Mo, je connais bien le proverbe : depuis la Guinée, c'est-à-dire, depuis le pays des ancêtres, l'au-delà où nos âmes noires retourneraient après la mort, le Nègre déteste le Nègre. Cependant, comme résumé de deux cents ans d'une histoire politique turbulente et souvent sanglante, marquée par une décolonisation jamais aboutie, des luttes fratricides à n'en plus finir et des interventions étrangères le plus souvent occultes, je trouve ce dicton un peu simpliste et expéditif.

— Je vous le dis, dès qu'une occasion se présente à lui le Nègre s'empresse de poignarder son frère dans le dos…, renchérit le chauffeur sur sa lancée. C'est cet atavisme qui explique que ni Aristide ni personne n'arrivera jamais à faire quelque chose de bon et de durable pour le pays

— Vous exagérez. Ce n'est pas le type de rapports que j'ai avec les Noirs de ma connaissance.

— Mais c'est normal, frère. Vous n'êtes pas un Nègre, vous ; vous êtes un Blanc, s'esclaffe-t-il.

Je reste coi. Là, il vient de m'en boucher un coin, comme on dit.

Je m'engouffre par la portière entrouverte, un tantinet étonné de ce que mes membres frigorifiés obéissent encore aux ordres de mon cerveau. Montréal en février, décidément, n'a rien à envier aux goulags sibériens.

— *Ki jan w ye, mèt?* de s'enquérir le chauffeur, dans la voiture duquel je suis monté plusieurs fois.

— Pas si mal, pas si mal.

Avec le froid qui sévit dehors, je n'ose pas répondre *m ap boule!* qui pourrait tout aussi bien signifier «je brûle» que «les affaires vont bon train».

Dans l'auto, tourne une chanson d'Émeline Michel que je ne connais pas.

— C'est son nouveau disque?

— Qui, Émeline? Je ne sais pas, non. C'est la radio qui joue ça.

Voilà qui n'est somme toute pas si courant, même à l'antenne de Radio-Canada. Mais où avais-je la tête ? À Montréal, le Mois de l'histoire et de la culture noires bat son plein depuis dix jours : pendant les quatre semaines les plus glaciales de l'hiver, on souligne l'apport des communautés nègres à la société québécoise – et non, ce n'est pas une célébration de la criminalité dans le nord-est de la métropole.

Qu'on me pardonne cette autre confidence : personnellement, j'en ai un peu marre de ce Mois de l'histoire et de la culture noires, tout comme j'en ai marre de la Journée de la femme, la Journée mondiale du livre, la Semaine du français ou de l'Action antiraciste. Toutes légitimes que soient ces causes, le fait de leur réserver une journée, une semaine, un mois m'exaspère au plus haut point. Appelez ça de l'idéalisme, mais je préférerais vivre dans une société qui n'aurait pas à décréter que telle ou telle journée sera consacrée à telle ou telle cause pour y être sensible.

Que raconte mon chauffeur ? Je ne l'écoutais que d'une oreille distraite, mais j'ai la nette impression qu'il critique une tablée d'intellectuels qui débattaient de la crise haïtienne à la radio l'autre soir. Et il n'y va pas de main morte. « Ce qui m'agace, frère, c'est tout ce gauchisme de salon, de socialisme d'opérette, râle-t-il. Des farceurs, tous autant qu'ils sont. C'est facile d'élaborer des analyses savantes, c'est facile de pontifier depuis une Chaire d'université, un studio de radio ici à Montréal. Quand est-ce qu'ils vont oser aller sur place pour tenter de changer les choses là-bas, tonnerre?»

Attendez, attendez, je l'invite à nuancer son point de vue. C'est facile aussi de sombrer dans l'anti-intellectualisme primaire, la démagogie dont on sait les ravages en Haïti. Il me le concède, mais ne décolère pas quant à l'inaction des intellectuels haïtiens de la diaspora.

— Tant qu'à y être, je leur préfère Charles David[15]; lui au moins, il a posé un geste concret...

— Et on voit où ça l'a mené aussi, dis-je. Mais là, vous faites de la provocation.

— Absolument pas. On a vilipendé David parce qu'il s'affichait clairement contre la famille Lavalas. Mais la suite de l'histoire ne lui a-t-elle pas donné raison?

Il marque un point, je lui concède. Je n'avais jamais envisagé la donne sous cet angle.

— Entendez-moi bien, frère, poursuit-il. L'autre soir, j'ai revu votre reportage sur Haïti, c'est bien, très bien même.

Il veut parler du documentaire *Carnet d'un Black en Ayiti*, où la caméra de mon pote cinéaste

---

15 Journaliste au quotidien montréalais *La Presse* d'origine haïtienne, Charles David avait quitté son poste pour entrer dans l'entourage des bonzes du gouvernement militaire de Raoul Cédras, ce qui avait provoqué toute une controverse dans la communauté haïtienne de Montréal.

Pierre Bastien me suit à la découverte de mon pays natal, où je n'avais pas remis les pieds depuis un quart de siècle. J'accepte l'éloge en redoutant néanmoins le proverbial pot qui accompagne ordinairement les fleurs.

— J'ai trouvé votre perspective assez intéressante, quoiqu'un peu naïve. Ça, c'est un début. Mais qu'est-ce que vous comptez faire maintenant?

— Je ne comprends pas ce que vous voulez dire…

— Pour Haïti, je veux dire. Qu'est-ce que vous comptez faire de concret?

— Pourquoi, le film ne suffit pas? risqué-je, à mon tour provocateur.

À en juger de la mine de mon interlocuteur qui se renfrogne, manifestement non.

Je doute fort que quiconque ait oublié où il se trouvait et ce qu'il y faisait ce deuxième mardi de septembre 2001 au matin. J'étais à bord d'un taxi, pour faire changement, quand le deuxième avion a percuté la deuxième tour du World Trade Center. La voiture roulait du Vieux-Québec vers Sainte-Foy : j'avais pris l'autobus à Berri très tôt ce matin-là, de manière à être à la maison quand Vidéotron viendrait installer le câble et l'Internet haute vitesse, mais il m'avait fallu faire un détour par le bureau pour y prendre la carte réseau de mon ordinateur portable.

Il était à peine passé neuf heures lorsque mon collègue Antoine, croisé pendant ma visite éclair au bureau, m'a annoncé l'écrasement du premier appareil. Si bien que quand, une vingtaine de minutes plus tard, j'ai entendu la nouvelle du second écrasement à la radio dans le taxi, j'ai d'abord cru qu'on répétait tout simplement la même information. C'est le coup de fil de mon copain Jean qui me mit les pendules à l'heure.

– As-tu entendu ça? ricanait-il cyniquement au bout du fil. Les Américains sont en train de manger une de ces raclées...

Jean est une des rares personnes que j'estime plus cynique que moi. Avant de raccrocher, je crois lui avoir dit qu'il ne devrait peut-être pas se bidonner; qui pouvait assurer que nous n'étions pas à la veille du déclenchement de la Troisième Guerre mondiale?

– C'est un beau moineau, votre copain, a dit la taxiwoman qui me conduisait chez moi, sur un ton un brin effaré.

De toute évidence, elle avait entendu l'essentiel des exclamations de Jean dans mon téléphone cellulaire. Et moi qui croyais que quiconque faisait ce métier était immunisé contre toutes les absurdités du comportement humain, à force d'être confronté à tous les types de spécimens. Il semblerait que ce n'était pas le cas.

Ma chauffeure allait surenchérir, mais la radio nous a alors informés qu'un troisième avion s'abattait sur le Pentagone.

– Vous aviez peut-être raison, Monsieur: c'est peut-être pour demain, la Troisième Guerre mondiale...

L'iconoclasme de Jean mis à part, il fallait se rendre à l'évidence: nous venions collectivement de tourner une page d'histoire et d'entrer de plain-pied dans le XXIe siècle.

Comme des millions de téléspectateurs, j'ai passé le reste de la matinée les yeux rivés sur le petit écran, incrédule, alors que les deux tours du World Trade Center s'écroulaient telles deux répliques contemporaines de Babel et avec elles, une certaine idée de l'ordre du monde. Plus tard en début d'après-midi, quand le technicien de Vidéotron a eu fini d'installer le câble et qu'il a fait un rapide tour du cadran pour nous montrer tous les canaux que nous capterions, ma copine a pris une voix un peu nunuche pour passer ce commentaire :

— On ne va quand même pas débourser cinquante dollars tous les deux mois pour quarante chaînes qui diffusent exactement le même programme ? a-t-elle demandé, pince-sans-rire.

Il faut croire que son imitation de *dumb blonde* était au poil, parce que le technicien est demeuré sans voix quelques instants avant de comprendre qu'elle plaisantait.

Quant à moi, je suis retourné à mon ordinateur au sous-sol. Il me restait à peaufiner une nouvelle d'horreur inédite pour mon recueil *Le cabinet du docteur K,* une histoire de malédiction et de vengeance que, la veille encore, j'estimais plutôt terrifiante.

C'est bizarre, mais elle me semblait tout à coup absolument risible.

Cette histoire remonte à une bonne vingtaine d'années et m'a même inspiré l'une de mes plus anciennes nouvelles.

– Embarque, chriss !

C'est ce que m'avait crié ce chauffeur du taxi, après avoir effectué un virage en U si brusque que les pneus de la voiture avaient crissé sur l'asphalte du terrain de stationnement que je traversais. La portière s'était ouverte abruptement, m'offrant une vue partielle du type au volant. Le bonhomme m'avait pressé à nouveau de sauter dans l'auto.

J'avais dix-huit ans à l'époque, et aussi peu de scrupules que de conscience.

J'ai accepté l'invitation, en me disant que si mon père le savait, il en ferait bien une syncope.

– Où c'est que tu vas de si bonne heure le matin ?

– Au Cégep. C'est le jour de l'inscription aujourd'hui.

– C'est ben beau. J'vais aller t'emmener.

Le Cégep se trouvait à une demi-heure de marche de la maison de mes parents; en acceptant sa *roulib*, je sauverais pas mal de temps. Trop désinvolte sans doute, je n'avais pas vraiment peur de lui. Les histoires d'enlèvement de jeunes hommes, de séquestration dans des antres perdus, coupés de la civilisation, je les laissais à Hollywood. Jonquière, où j'avais passé le plus clair de ma vie, ne me semblait pas du tout propice à ce type d'exactions. Tout au plus, j'étais intrigué par sa conduite déroutante, par sa manière de tenir sa cigarette entre ses doigts graisseux et tremblants, par sa manie de se retourner à tout bout de champ pour regarder derrière lui...

À sa familiarité avec moi, j'en déduisais qu'il s'agissait sans doute d'une vague connaissance de mon frère Steve, et qu'il devait peut-être me prendre pour lui, comme ça arrive si souvent.

– Câlice de sacrement, jurait-il, les dents serrées. J'espère que ces hosties-là ont pas scié mes freins...

– Vous avez commencé votre quart de travail?

– Non, tantôt, à huit heures!

D'où le fait qu'il n'ait pas mis en marche son taximètre. Mais je ne m'en étonnais à peine. Après tout, je ne l'avais pas hélé. Il m'avait embarqué spontanément, avant même le début de son quart de travail. Dégoûté, l'homme se racla la gorge et cracha par la fenêtre.

— Vous n'avez pas l'air trop heureux.

— Pourquoi que je l'serais? ricana-t-il lugubrement, en jetant un coup d'œil furtif vers la jauge d'essence. Quasiment vide! Peux pas l'emplir. Pas d'argent. Trop pauvre, hostie! Cent cinquante piasses par mois, t'entends-tu? Comment veux-tu qu'un gars vive avec c'te maudit bien-être? «Ils» veulent rire de moé, je l'sais.

La voiture filait comme une balle. J'ai prié le chauffeur de ralentir. L'idée de mourir dans un accident avec ce détraqué ne me souriait guère. Mais l'homme ne m'écoutait visiblement pas.

— J'te dis qu'ils veulent rire de moé! ronchonnait-il, comme s'il poursuivait une conversation déjà amorcée avec moi. Pis le pire, c'est que j'peux pas dire un mot, sinon y m'tuent!

J'avais envie d'éclater d'un petit rire nerveux, mais n'osais pas. Autant changer de sujet, estimais-je. L'ennui, c'est qu'aucun sujet de conversation ne semblait intéresser mon homme, complètement obnubilé par ses lubies.

— La ville, le provincial, le fédéral· «Ils» sont toutes amanchés avec la pèye!

— La quoi? le relançai-je, pas très sûr d'avoir bien compris.

— La pèye! La mafia! Je l'sais. C'est pour ça qu'«ils» me surveillent tout le temps. C'est pour ça que j'peux pas arriver en retard à la job. Ça leur donnerait une raison de me descendre, comprends-tu?

Même s'il me dardait du regard, je n'avais pas l'impression qu'il s'adressait à moi. On aurait plutôt dit le monologue d'un parano qui crachait sa haine sur cette société où il n'arrivait pas à se tailler une place.

La vitesse de l'auto augmentait dangereusement.

– Ouais, mon gars, j'en sais trop, beaucoup trop pour mon propre bien. Puis c'est pour ça qu'«ils» vont finir par me descendre! Je te gage que tu me prends pour un cinglé, hein?

Je n'osais pas répondre. De toute manière, je doute qu'il s'attendait à ce que je le fasse.

– Toute cette marde-là ne m'serait jamais arrivée si j'étais resté à l'école, philosophait-il. Ça fait que reste-z-y, au Cégep, mon gars. Étudie, étudie fort pour devenir plus brillant qu'eux autres. Pour qu'«ils» puissent pas te baiser comme «ils» m'ont baisé. Étudie pis dis à tes potes de faire pareil. Il est trop tard pour moé pis ceux de mon temps. Nos jours sont comptés. À la première occasion qu'«ils» trouvent, j'suis fini!

Ce furent à peu près ses dernières paroles. Comme nous arrivions près du Cégep, il s'est garé au bord du trottoir. Je lui ai demandé si je lui devais quelque chose, mais il ne voulait pas de mon argent. Le fait d'avoir pu se confier à une oreille attentive et compatissante le satisfaisait amplement.

Pour ma part, je suis descendu de sa voiture après l'avoir salué. En remontant l'allée qui donnait sur l'entrée des étudiants, je me rappelle m'être dit que je tenais là un sujet de nouvelle intéressant : un chauffard paranoïaque confie sa peur d'être assassiné dans le cadre d'un complot institutionnalisé à un parfait inconnu qui se révèle être son meurtrier. J'avais même décidé que je l'intitulerais «Embarque, chriss!»[16]

Je n'ai par la suite jamais revu ce type. Parfois, je me demande s'«ils» n'ont pas justement fini par avoir sa peau comme il le redoutait.

---

[16] J'ai finalement publié une version romancée de cette anecdote dans mon recueil *Treize pas vers l'inconnu* (Pierre Tisseyre, 1996), mais sous le titre «Un drôle de pistolet» proposé par l'éditeur Robert Soulières.

Le moins qu'on puisse dire, c'est que le vieux Noir à la mine mauvaise n'y va pas par quatre chemins.

— Il va falloir m'expliquer la route, Monsieur, parce que je ne la connais pas du tout cette zone, me confesse-t-il de but en blanc.

Soit. J'aime cette franchise, qui va à l'encontre de ce préjugé tenace selon lequel non seulement la plupart des taximen haïtiens n'ont pas la moindre idée de la géographie métropolitaine, mais ils n'ont aucun sens de l'orientation. Ils sont malhonnêtes au point de vous mener en bateau pendant une heure plutôt que d'avouer leur ignorance. Du coup, je trouve le vieil homme attachant. Mais quel âge peut-il bien avoir ? Je lui en donnerais aisément soixante, soixante-dix, mais quelque chose dans sa voix me dit qu'il pourrait bien en avoir davantage.

Dommage que cette sympathie que j'éprouve à son égard ne semble pas réciproque. Dès que nous sommes montés dans sa voiture, je l'ai senti se braquer, comme si nous étions malvenus à bord. Nous sommes deux, sur la banquette arrière, chargés comme des mulets de plats en aluminium : le buffet que j'avais préparé pour une réception chez des amis.

Sous prétexte de me donner un coup de main pour la popotte, ma copine, Québécoise de souche, avait passé l'après-midi chez moi dans l'espoir d'apprendre à cuisiner les mets traditionnels haïtiens : du riz aux haricots rouges, du *griyo*[17], des *akra lanmoru*[18], des crevettes en aubergine, des plantains frits, et quoi encore ? Je n'étais pas aussi fin cuistot que ma mère ou même mon père, sans doute, mais je ne me défendais pas trop mal aux fourneaux.

Quant à ma copine, je ne saurais dire si elle retiendrait quoi que ce soit de la leçon de cuisine, mais on avait diablement rigolé… et la fête n'était même pas encore commencée.

Mes indications quant au trajet ayant été claires et précises, nous devrions arriver à bon port avant que le buffet ait refroidi. À la radio communautaire haïtienne, on passe un enregistrement ancien d'une chanson non moins ancienne du répertoire populaire haïtien. La pièce m'est familière. Du coup, remontent comme un fumet

---

17 Viande de porc marinée et frite.
18 Beignet à base de morue salée et de farine de manioc.

fortement épicé des effluves du passé: les diman-ches après-midi en famille à Jonquière. Entre le repas du midi et l'épisode de la vieille télésérie de SF japonaise *Ultraman* diffusé en début de soirée, ma mère Lady I faisait tourner ses microsillons de jazz ou de variétés jazzy, de chanson française ou de musique classique ou haïtienne. Entre Nat King Cole et l'orchestre Septentrional, le choix du style devait dépendre de l'humeur de la dame de la maison.

Chanteuse de jazz à ses heures, ma copine prête une oreille attentive.

— Qui chante? me demande-t-elle.

— C'est Toto Bissainthe, je crois... Ou peut-être Martha Jean-Claude. Je n'en suis pas certain. Ça fait tellement longtemps que je n'ai pas entendu ça...

Dans le rétroviseur, je vois le reflet du chauffeur qui écarquille les yeux.

— Toto Bissainthe, oui, confirme-t-il. *Ho, m pa ta janm kwè yon blan tankou ou menm ta konnen chante sa a...*[19]

En voilà un autre qui m'avait vraisemblable-ment rangé à la hâte dans la catégorie des faux Haïtiens, complètement acculturés. Si seulement on pouvait vivre sans l'obligation de porter conti-nuellement un drapeau, comme disait l'autre.

---

19 «Je n'aurais jamais pensé qu'un Blanc comme vous puisse connaître ces chansons.»

– Bien sûr que je connais, que je lui réponds en créole. C'est la musique de mon enfance, après tout…

Dans la lumière décroissante du début de soirée, son sourire d'une blancheur étonnante se découpe sur son visage noir, tel un croissant de lune sur un ciel d'encre.

– Vous êtes haïtien ? renchérit le vieil homme. Han, eh bien, je comprends mieux les parfums qui s'échappent de vos paquets…

Je lui décline le menu, histoire de lui mettre l'eau à la bouche.

– *Se ou menm ki fè tout manje sa a poukont ou ?*

– *Mwen menm ki fè'l menm*[20], que je lui réponds, non sans fierté.

Et comment que j'ai cuisiné tout ça !

Ma copine me scrute, interloquée. Mes amis québécois sont toujours un peu estomaqués de m'entendre parler créole. Mes amis haïtiens, quant à eux, sont assez indulgents pour ne pas relever systématiquement les fautes que je commets inévitablement en langue haïtienne.

Le vieux monte le volume pour la chanson suivante : «*Ayiti cheri, pi bon peyi passe ou nan*

20 « C'est vous qui avez cuisiné tout ça tout seul ?
– Moi-même, en effet ».

pwen...[21] » Malgré moi, j'éprouve un pincement au cœur ; c'est avec cet air que ma mère a bercé la douleur de son mari agonisant, dans le mouroir pour cancéreux de l'hôpital de Jonquière.

Soudain fort loquace, le vieil homme s'intéresse à nous ; ce que nous faisons dans la vie, la nature de notre relation (non, nous ne formons pas un couple !), le type de fête où nous nous rendions...

Quel dommage que nous arrivions déjà à destination. Qu'à cela ne tienne : enveloppés dans une serviette de table, ma copine et moi lui laissons un peu de *griyo,* quelques *akra* et deux rondelles de plantain en guise de complément de pourboire.

21 « Haïti chérie, il n'existe pas de meilleur pays que toi... » Premier vers du refrain de la célèbre chanson *Haïti chérie* du Dr Othello Bayard, également connue sous le titre de *Souvenirs d'Haïti* ; c'est la complainte par excellence de l'exilé

— Coin Sainte-Catherine et Saint-Urbain, s'il vous plaît. Je suis attendu à la tente de Radio-Canada.

— C'est drôle, on n'est pas dimanche midi, pourtant…

Le chauffeur veut me signifier par là qu'il m'a reconnu et qu'il lui arrive de syntoniser le magazine littéraire radiophonique que j'ai animé pendant trois ans, le dimanche à l'heure du brunch. Pour le moment, il écoute une de ces émissions évangéliques de la radio haïtienne, dont je ne suis pour ma part guère friand.

— Rien à voir avec *Bouquinville*, l'émission fait relâche pendant l'été, que je lui explique. Et puis, de toute façon, elle ne reviendra pas à l'antenne cet automne. J'anime une émission de jazz quotidienne depuis la mi-juin et jusqu'à la fin août.

— Et après ? Qu'est-ce que vous ferez ?

Son inquiétude, teintée de paternalisme, me touche. Je devine qu'il a des enfants de mon âge, qui vivent peut-être une certaine forme d'insécurité sur le marché du travail bien typique de l'époque. Qu'il se rassure en ce qui me concerne, je ne suis pas d'un naturel angoissé côté boulot.

— Qui vivra verra, que je lui réponds.

La circulation vers le centre-ville est assez fluide, heureusement. Je ne serai pas trop en retard.

— Je ne savais pas que vous étiez expert en jazz…, me relance le chauffeur.

— Bon, expert, faut le dire vite. Disons que je suis un amateur averti.

— Et on peut entendre quoi, à votre émission ?

— Bah, les classiques d'hier et d'aujourd'hui : Louis Armstrong, Billie Holiday,

Ella Fitzgerald, Miles Davis... et puis des musiciens contemporains que j'aime bien.

— Et vous ferez jouer du jazz haïtien, à votre émission ?

La question à cent dollars, que j'anticipais d'ailleurs.

— Eh bien, il y a quelques artistes haïtiens que j'ai la ferme intention de présenter à l'antenne : Azor, Edy Brisseaux, Éval Manigat, Eddy Prophète, Beethova Obas pour certaines pièces. Et puis, ce nouveau venu, un saxophoniste du nom de Buyu Ambroise dont le disque vient de paraître…

— Et Tabou Combo? Et Coupé Cloué? Et Boukman Experyans?

— Je ne crois pas qu'on puisse les considérer comme du jazz proprement dit…

— Comment ça?

C'est un vieux malentendu qui perdure, cette confusion entre la signification que prêtent souvent les créolophones au mot jazz et son sens plus communément accepté. Le chauffeur et moi convenons qu'il faudra remettre à plus tard nos savantes discussions d'ordres musicologique et étymologique. On m'attend sur l'esplanade de la Place des Arts, d'où sera diffusée mon émission.

— *Kenbe, frèr. Ma va koute w aswè a,* me promet-il, en me rendant la monnaie.

Ça tombe bien: j'ai imposé au trio de mon pote Anthony Rozankovic, qui assure la partie musicale de l'émission, de jouer *Choucoune*[22] aujourd'hui.

_____

22 Célèbre chanson populaire haïtienne composée en 1883 par le pianiste haïtiano-louisianais Michel Mauléart Monton d'après le poème «Frè P'tit Pierre» de l'écrivain capois Oswald Durand, qui se trouve à être mon aïeul du côté maternel. Abusivement attribuée à Irving Burgie, qui n'en a en fait signé que l'adaptation en anglais sous le titre *Yellowbird*, la chanson a connu un succès international dans les années 1950 grâce à l'interprétation de Harry Belafonte.

Tout juste s'il fait cas de mon entrée dans son véhicule, tellement sa conversation téléphonique l'accapare. Il replace néanmoins le cellulaire sur son socle et adopte le mode sans mains pour démarrer.

Se bò lakay ou wap fè, konpè?[23] me demande-t-il, en aparté.

J'acquiesce d'un signe de tête : oui, je vais bien chez moi. Il connaît bien la route, on l'a faite ensemble souvent. La voiture s'engage sur Saint-Hubert, direction nord.

— *Ou fout tombe sou tèt ou?*[24] s'emporte-t-il.

Les pères haïtiens se ressemblent tellement entre eux : je croirais entendre là Mèt Mo en train de morigéner mon frère Reynald, l'enfant terrible de la famille.

Tandis qu'il poursuit son échange assez animé avec la voix féminine à l'autre bout de la ligne – sa fille, vraisemblablement –, j'en profite pour

---

23 « Je vous dépose à la maison, compère ? »
24 « Tu es tombée sur la tête ou quoi ? »

déballer les disques dont je viens de faire l'acqui-sition. Une vieille manie à moi d'ouvrir les CD avec la hâte d'un gamin au matin de Noël, pour lire au moins le texte de présentation en atten-dant de pouvoir écouter la musique. À vrai dire, je suis si concentré sur ma lecture qu'il me faut un moment pour réaliser que le taxi roule dans la mauvaise voie sur Saint-Joseph.

Je me permets de m'immiscer dans sa discus-sion pour le lui signaler. Décontenancé, il met précipitamment un terme à sa conversation.

— *Bon, dakò. Na pale pita, m di'w*[25], fait-il avant de couper la communication.

Puis, en se tournant vers moi.

— Comment, vous n'habitez plus sur Cartier ?

— Non, j'ai déménagé en juillet. Désolé d'avoir oublié de vous le dire…

— Y a pas de quoi ! J'aurais dû vérifier l'adresse avec vous.

Comme il n'y a pas le moindre véhicule de police en vue, mon chauffeur s'autorise un virage interdit à une intersection, puis s'engage vers l'ouest, en direction de mon nouveau chez moi.

— Vous avez l'air préoccupé : de gros ennuis ?

— *Tèt chaje, mèt, tèt chaje !*[26] C'est ma fille, avec ses demandes invraisemblables. Depuis un bout

---

25 « Bon, d'accord. On en reparle plus tard, je te dis ».
26 « Des migraines, des migraines ! »

de temps, depuis qu'elle fréquente ce *vagabond*[27], elle a changé. Elle ne respecte plus l'heure du couvre-feu, sort sans préciser où elle va, s'est fait mettre un anneau dans le nez. Et puis, elle parle à sa mère sur un ton carrément inacceptable et s'indigne de ce qu'on lui interdise de découcher. Là, elle essaie de me faire croire que c'est normal que son petit ami couche à la maison. Vous vous imaginez : sous mon toit, oui !

— Quel âge a votre fille ?

— Quinze ans, oui ! Juste quinze ans !

Je sympathise avec le bonhomme : sans avoir été un *vagabond*, je n'ai pas toujours été un adolescent des plus sages, ma mère peut en témoigner. Mes prises de bec avec Mèt Mo ne furent pas si fréquentes, mais quand même assez virulentes. Et encore, j'ai eu de la chance : j'étais un jeune homme ! Avec le recul, je mesure mieux le décalage entre les règles de l'éducation haïtienne traditionnelle et celles de l'éducation à la québécoise, qui me faisait tant envie. Nos parents haïtiens n'ont apparemment pas idée de la misère de leurs enfants à accepter les contraintes qu'ils leur imposent, alors que les copains québécois de souche donnent l'impression de vivre dans un régime totalement permissif, du moins en apparence.

— En tout cas, je ne vous souhaite pas le calvaire d'avoir à élever une fille…

---

27 Va-nu-pieds.

– Trop tard.

– *Ou gen pitit?* s'étonne-t-il. *Yon fiy?*[28]

Je hoche la tête. Je ne crois pas avoir la bosse de la paternité, mais je fais ce que je peux. Et pour lui remonter le moral, je partage avec lui une petite anecdote.

– Vous savez mieux que moi combien les demandes incessantes peuvent être agaçantes. Un jour, il y a deux ans, j'étais tellement excédé que je lui ai dit, ça suffit, je t'ai expliqué les consignes, il ne te reste plus qu'à obéir sans rouspéter parce que je suis ton père, c'est moi qui établis les règles et tant que tu vivras chez moi il faudra t'en accommoder. Ça m'ennuyait de recourir à ce genre d'argument d'autorité totalement bidon, qui m'irritait tant quand mon propre père y recourait. Mais j'en avais marre. Vous savez ce qu'elle m'a répondu?

J'avais piqué sa curiosité: le chauffeur était dans l'expectative de la suite.

– Ma fille Laura m'a dit, ben, je vais aller me prendre un appartement d'abord. L'ennui, c'est qu'elle n'avait que deux ans et demi à l'époque…

– À deux ans et demi?

Le temps d'encaisser la chute de mon récit et le chauffeur éclate d'un rire franc et tonitruant.

---

28 «Vous avez une enfant? Une fille?»

– Ho, pitit sa a pa nan jwèt, kompè! W antrave, mon chè[29] : votre calvaire vient seulement de commencer alors…

Je me suis réfugié du vent et de la neige à bord du premier taxi à se pointer.

— À Radio-Canada, s'il vous plaît, ai-je lancé au chauffeur, que j'imaginais français, quand je me suis affalé sur sa banquette arrière.

— Vous avez l'air crevé, a déclaré le type, qui ne tarderait pas à me faire comprendre qu'il était plutôt breton, nuance. Quoi de neuf?

Quoi de neuf? Je me suis demandé s'il rigolait ou quoi...

Je me serais cru entré par inadvertance dans un épisode d'une de ces séries télé de fantastique que j'apprécie tant et depuis tellement longtemps. Ne manquait en fait que Rod Serling, debout en retrait de l'action en train de commenter par un soliloque pince-sans-rire l'enchaînement d'événements inattendus. Depuis la veille, depuis le moment où j'avais délaissé momentanément mes bagages pour aller rejoindre mon amie Athésia, qui revenait tout juste d'Haïti, j'étais littéralement basculé dans la *Twilight Zone*. D'abord, mon pote Christophe m'avait avisé de la catastrophe, me demandant si j'avais encore l'intention de me rendre à Port-au-Prince sur cet avion qui quitterait Montréal le 13 janvier à l'aube; évidemment, je n'avais pas tardé à avoir confirmation par Delta Airlines de l'annulation du vol. Ensuite, après avoir passé le plus clair de la soirée entouré de copains qui avaient souhaité souper en ma compagnie une dernière fois avant mon retour au pays natal, j'avais été réveillé à l'aurore par une recherchiste de la Première chaîne de Radio-Canada qui triomphait à l'idée d'avoir réussi à me joindre sur mon cellulaire...

– Ça y est: on a la ligne! s'était-elle exclamée, à l'attention de ses collègues de l'émission matinale.

– Et pourquoi toute cette excitation: je suis à Montréal, après tout!

À mon insu, la télévision de LCN, toujours aussi bien renseignée, avait fait courir le bruit toute la soirée qu'on était «sans nouvelles de l'écrivain Stanley Péan, qui comme son collègue Dany Laferrière, séjournait à Port-au-Prince pour prendre part à un festival littéraire».

Comme à ses confrères de la presse écrite dont j'avais décliné l'invitation à passer des commentaires sur le séisme, j'avais préféré m'abstenir – après tout, je n'en savais guère plus que les gens d'ici, je m'estimais tout aussi dépendant que les gens d'ici des mêmes médias qui cherchaient à recueillir mes impressions. Évidemment, au bout de quelques heures, j'avais fini par revenir sur mes positions et accepter de me joindre à mon ami Luck Mervil à l'émission de Simon Durivage à l'antenne de RDI, ne serait-ce que pour mettre un terme à cette rumeur persistante qui voulait que je sois comme Dany ou, pire, comme l'infortuné Georges Anglade prisonnier des décombres de Port-au-Prince. Je suis allé témoigner en direct de ce désarroi que je partageais avec tant de membres de la diaspora haïtiano-montréalaise, tant de sympathisants québécois... et de rien d'autre. C'est cependant sur ce plateau que Luck m'a recruté pour aller donner un coup de main au CECI (Centre d'études et de coopération internationale), qui déjà organisait une récolte de dons destinés à être utiles sur le terrain où cette ONG œuvrait déjà intensément.

Pendant tout l'après-midi du 13 janvier 2010, au milieu du tintamarre constant des sonneries de téléphones, coude à coude avec les bénévoles qui avaient gracieusement accepté de donner de leur temps au CECI au profit des Haïtiennes et des Haïtiens frappés par une énième déveine dont ils n'avaient manifestement nul besoin, j'avais répondu aux questions des journalistes de la télé et de la radio qui cherchaient à me rejoindre. J'avais contribué selon mes modestes moyens à dissiper la panique et l'angoisse, tenté autant que faire se peut de me rendre utile, même à distance. J'avais aussi accepté de rédiger un billet pour *Le Devoir* du lendemain, un texte sur le refus de céder au cynisme ou au désespoir que je voulais partager avec mes compatriotes au pays comme avec ceux du dehors. Ensuite, j'avais ramassé mes cliques et mes claques pour aller me joindre aux autres congénères entassés dans le sous-sol de cette église reconvertie en centre communautaire d'où était diffusé le *Téléjournal* ce soir-là.

Alors, vous avouerez avec moi que l'ignorance du chauffeur qui me ramenait à la Maison de Radio-Canada où m'attendait l'équipe de cette émission spéciale animée par Franco Nuovo à laquelle on m'avait prié de participer, cette ignorance avait de quoi décontenancer... Il vivait dans une dimension parallèle, ou quoi?

Au son de la radio Rock Détente qui jouait dans son véhicule, je lui ai fait rapidement le topo – l'amplitude de la secousse initiale, la force des répliques, les images de la dévastation diffusées en boucle depuis la veille, le nombre de décès estimé manifestement inférieur à la réalité, l'impossibilité d'entrer en contact avec la famille ou les amis là-bas et la triste nouvelle du décès du collègue Georges Anglade et de sa femme Mireille, qui séjournaient au pays pour participer au même festival Étonnants voyageurs.

Pour seule explication à son inconscience du drame humanitaire qui se jouait dans l'ancienne perle des Antilles, mon chauffeur breton m'a dit qu'il n'écoutait pas beaucoup les bulletins d'information, qu'il trouvait trop déprimants.

Quelques jours plus tard, mon fils Philippe, pas encore cinq ans, aurait une formule à la fois savoureuse et glaciale pour témoigner de sa lassitude de voir les adultes autour de lui s'activer avec tant de frénésie autour d'une tragédie contre laquelle ils ne pouvaient rien :

— Tu sais, papa, finirait par me dire Philippe, à Teletoon, ils passent juste des dessins animés, un peu de publicité et ils ne parlent jamais de tremblement de terre.

Avec le recul, je ne pouvais que supposer que mon chauffeur de taxi breton aurait abondé dans le même sens que mon fiston.

Mais quelle inconscience, tout de même !

Dès le lendemain du séisme en Haïti, il avait été suggéré par l'organisation du festival Étonnants voyageurs que les écrivaines et écrivains invités à la manifestation littéraire de Port-au-Prince annulée pour des raisons évidentes pouvaient se joindre à l'édition malouine dudit, où seraient déménagées les activités qui devaient avoir lieu dans mon île.

Au terme de ce week-end de tables rondes, d'entretiens publics, de rencontres avec le public, à l'instar de tous mes collègues, j'avais repris le TGV Spécial Saint-Malo-Paris nolisé par l'organisation à bord duquel mon pote Michel Vézina et moi partagions une banquette en classe économique.

D'abord, dans le wagon-restaurant, Véz et moi avons été assez outrés de voir le bluesman afro-américain Ladell McLin, qui avait demandé poliment aux gens dans la queue s'ils acceptaient de le laisser passer en tête de file pour commander rapidement à manger pour son garçon à la santé fragile. Il s'est vu rabrouer par le serveur qui a même mis en doute la place du musicien américain à bord.

– Il a un badge du Festival au cou, a fait remarquer une dame au comptoir.

– Oh, ça ne veut rien dire, Madame. On ne sait pas où il l'a pris. Y a souvent des passagers qui se faufilent sur des trains où ils n'ont pas le droit de monter.

Sur quels critères ce petit génie incapable de faire fonctionner sa caisse électronique pouvait-il bien se baser pour émettre un tel jugement? Profilage racial, un bel apanage de la France de Sarkozy, selon Michel dont le seuil de tolérance au racisme et à la bêtise humaine est assez peu élevé. Encore un peu et mon frère jumeau (ainsi que Michel et moi aimions nous désigner réciproquement) expliquait au serveur son point de vue sur le sujet… ou son poing de vue! Après avoir répliqué (en pure perte) à l'arrogant de service que McLin était l'un des invités du festival, j'ai calmé le jeu en commandant moi-même à manger pour son fils et lui dès que mon tour au comptoir fût arrivé.

Trois heures plus tard, gare Montparnasse, comme nous n'allions pas dans la même direction, Véz et moi nous disions au revoir au poste des taxis et faisions la promesse de se revoir le plus tôt possible à Montréal. La chauffeuse de la voiture à bord de laquelle je suis monté – une Italienne ou une Espagnole, je n'arrive pas à très bien identifier son accent, la fatigue sans doute – me demande d'où je suis, où je vais. Je réponds avec lassitude, peu enclin au bavardage. Nous nous engageons dans un sens unique adjacent à la gare quand elle se met à klaxonner pour signaler sa présence au chauffeur de la voiture qui recule en sens inverse dans notre direction, probablement dans l'intention de se garer.

— Mais qu'est-ce qu'il fout, ma parole ? de s'étonner ma chauffeuse, incapable d'éviter la collision.

Il s'agit en fait d'une « elle », plutôt jolie par ailleurs, qui se précipite hors de son propre véhicule pour constater l'étendue des dégâts.

— Ce n'est pas moi qui ai fait ça..., lance-t-elle, moins sur le ton du déni que sur celui de la stupéfaction.

Hélas, la nuance échappe à ma chauffeuse qui déjà s'enflamme, réclamant des excuses, un constat à l'amiable et, d'abord et avant tout, une simple admission de culpabilité de la part de son interlocutrice. Je suis à Paris, capitale mondiale des engueulades oiseuses et pittoresques, et le ton ne tarde pas à dégénérer entre les deux femmes, qui chacune tente de me prendre à témoin.

— Monsieur, vous voyez bien qu'elle est cinglée, hystérique, d'affirmer la fautive, qui veut bien reconnaître son tort à condition de pouvoir s'entendre posément avec son interlocutrice.

— Moi, cinglée ? Hystérique ? Mais vous l'avez vue, Monsieur, reculer dans ce sens unique comme si la rue lui appartenait alors que je klaxonne pour qu'elle s'arrête avant de me rentrer dedans !

Rien à faire, ces dames ne sont pas parties pour s'entendre et, de toute façon, ni l'une ni l'autre n'a de constat vierge dans son coffre à gants. La chauffeuse arrête quelques-uns de ses collègues qui empruntent la rue étroite que nous bloquons à moitié, qui ne peuvent hélas pas l'aider. Et je me sens prisonnier d'une querelle qui ne me concerne pas, quoique trop exténué pour même tenter d'y échapper. Dire que mon hôtel se situe à quelques pas de là, quinze minutes à pied tout au plus, que je n'ai opté pour le taxi que parce que je ne me sentais pas en forme pour marcher jusque-là avec mes lourds bagages...

Tandis que l'automobiliste du dimanche tente de joindre sur cellulaire son mari avec qui elle avait rendez-vous, de guerre lasse, ma taxiwoman a décidé d'appeler la police. Ne lui en déplaise, selon mon expérience personnelle, le recours à des policiers dans un pareil crêpage de chignons n'a jamais simplifié la situation pour quiconque, peu importe le pays du monde où l'on se trouve. La fourgonnette des gendarmes ne met pas cinq minutes pour arriver sur les lieux, à peu près au même moment que le mari de la fautive. Lui et moi sommes vite relégués au statut de témoins accessoires dans la querelle qui oppose les deux femmes par les costauds en uniformes, qui sont au nombre de cinq. Cinq officiers dépêchés sur les lieux d'un simple accrochage de rien du tout entre deux voitures, une collision qui n'a fait d'autre victime que le pauvre parechoc du taxi? On croit rêver! Mais telle est la France de Sarkozy dans toute sa splendeur, me dis-je, exaspéré, avec une pensée pour mon cher Michel qui doit déjà roupiller comme un nourrisson dans sa chambre d'hôtel, le chanceux! État policier ou pas, je suis néanmoins tenu de rester à ma place sur la banquette jusqu'à résolution de cette histoire.

Or il se trouve que l'affaire se complique lorsque les agents exigent de la fautive qu'elle passe un alcotest qui se révèle positif.

— Mais je n'ai bu qu'une seule flûte de champagne à l'apéro, une seule, je le jure, proteste la jeune femme prise en flagrant délit.

La taxiwoman jubile, contente d'avoir enfin une preuve incontestable de la négligence de son adversaire. Les policiers ont tranché; tout le monde doit suivre au poste, où la présumée contrevenante devra passer un test d'ivresse plus rigoureux de manière à déterminer exactement quels chefs d'accusation seront portés contre elle.

– Vous me permettez au moins de déposer mon client à son hôtel en chemin...

À la bonne heure! Encore que l'affaire est devenue tellement savoureuse que je regrette presque que l'officier en charge de l'opération ait consenti à ce qu'on me donne congé de la suite des choses. Déformation professionnelle, histoire de tuer le temps, j'échafaude depuis tout à l'heure le scénario d'une nouvelle noire que je pourrais tirer de cet incident. Et si, comme dans *L'Emmerdeur* de Francis Weber, j'étais un tueur à gages retenu malgré moi par un contretemps qui met en péril un contrat qu'il me faut mener à bien dans la prochaine demi-heure...

Je ne saurai rien du dénouement de cet imbroglio, maintenant que la taxiwoman au tempérament latin me dépose, trois quarts d'heure plus tard que prévu, à l'entrée de mon hôtel.

– Laissez tomber, mon bon monsieur, fait-elle en refusant les billets que je lui tends pour régler la course. Je vous ai dit tout à l'heure que je vous conduirais sans frais, pour vous dédommager de votre patience...

Je rempoche mes euros, descends de l'auto et récupère mes bagages dans la valise arrière, certes las mais surtout un brin déçu tout de même de devoir m'en remettre à mon imagination quant à la conclusion de cette aventure.

La sentence est tombée comme une guillotine.

– Ce type est un scélérat, a décrété M. Alex, le gérant de mon hôtel, un sympathique kabyle qui prétend avoir connu Albert Camus (il n'y a pas de hasard!) et qui m'a adopté dès mon premier passage dans son établissement.

Le scélérat en question, c'est Ben, le taximan maghrébin qui m'a ramené de mon souper avec ma vieille copine Aline à la Cour Saint-Émilion au lieu de mon rendez-vous avec Paula, métro Odéon hier soir, et qui m'avait pourtant promis de me cueillir à la porte de l'hôtel à précisément 8 h 45 ce matin pour me conduire à l'aéroport Charles-de-Gaulle.

Le scélérat ne s'est jamais pointé donc, n'a même jamais daigné répondre à mes appels sur son cellulaire! Avec pour résultat que j'ai attendu près d'une heure l'autre voiture que M. Alex est parvenu de peine et de misère à me dénicher chez une autre compagnie de taxi. Peut-être parce que je suis béni de ces dieux auxquels je ne crois même pas, ce chauffeur-là, un exilé haïtien qui répond au nom de Lubin, parvient à éviter tous les bouchons de la circulation parisienne.

En cours de route, nous nous sommes reconnus pour ainsi dire, comme les Haïtiens finissent toujours par se reconnaître en définitive, peu importe l'endroit où ils se croisent sur la planète. Et du coup, la conversation a tout naturellement passé de la langue de Molière à celle de Languichatte, que je maîtrise moins bien, il va sans dire, mais qu'à cela ne tienne. Lubin n'a jamais entendu parler de moi comme écrivain et encore moins comme animateur de radio, mais il a un copain qui est aussi son partenaire en affaires qui habite Montréal et à qui il entend bien parler de moi. Entretemps, il m'interroge sur ma vie et ma carrière au Canada, retrace pour moi son propre parcours depuis son adolescence en Haïti, ses études abandonnées trop jeune et à contrecœur, ses années comme gérant de manufacture, sa venue en France, les trop longues heures qu'il passe au volant de son taxi pour nourrir une progéniture assez nombreuse.

Nous causons d'histoire et de politique haïtiennes, bien entendu. Nous causons de catastrophes naturelles ou pas, ainsi que des liens qui unissent l'histoire, la politique et les bouleversements de tout acabit. *Nap bay lodyans, kòmanman.*

— Tu sais, j'ai beau avoir passé des années en pays de Blancs, j'ai beau travailler et élever des enfants ici, jamais on ne m'enlèvera de la tête que mon pays, c'est Haïti, me confie-t-il.

Lubin et son collègue, un dénommé Quesner, ont le projet d'ouvrir un hôtel de villégiature en République dominicaine.

— Tu sais, on aurait préféré l'ouvrir chez nous, cet hôtel, mais avec le climat d'incertitude permanent qui règne en Haïti...

Nous causons, nous causons tant et si bien que j'en oublie, un peu, la route. Si bien que je ne me rends même pas compte que mon compère a réussi l'exploit de faire le trajet du VIᵉ arrondissement à l'entrée du terminal 2F en quarante minutes pile, soit une demie heure avant le décollage – ce qui était juste, mais suffisant pour m'enregistrer, déposer ma valise, passer le contrôle de sécurité et courir à toutes jambes vers le quai d'embarquement cinq minutes avant la fermeture des portes de l'appareil.

Avant de me remettre mon bagage, Lubin s'est engagé à refaire le même trajet dimanche, au lendemain de mon retour de Norvège, quand il sera temps pour moi de m'envoler vers le Québec, d'autant plus qu'il espérait me voir servir de commissionnaire pour remettre un paquet à son associé montréalais.

*

J'ai pris Lubin au mot, évidemment. Je lui ai téléphoné le soir même de mon retour de Norvège pour m'assurer qu'il serait à l'entrée de mon hôtel, le lendemain, pour me conduire à Charles-de-Gaulle. Mon compatriote est un homme de parole : un peu avant l'heure convenue, il pousse la porte de la réception, m'aide à transporter mes valises trop lourdes vers sa fourgonnette. Il s'excuse presque de n'avoir pas pu finaliser le dossier qu'il devait me confier pour son partenaire montréalais, mais qu'à cela ne tienne.

Nous roulons au milieu d'une circulation beaucoup plus fluide que l'autre matin, avec quelques heures de jeu avant le moment de mon embarquement. Au fil de la discussion, nous revisitons et approfondissons nos thématiques de l'autre matin. Nous creusons le sillon, en somme.

Nous roulons en causant comme de vieux frères qui se retrouvent après une trop longue séparation, en réinventant Haïti et le monde, qui en somme ont cruellement besoin d'être réinventés.

Nous roulons et je pense : « J'aime bien ce frère ; c'est un homme bien. »

— *Pa bliye, non,* me dit Lubin en me remettant mes valises, une fois arrivé à destination. Il faudra que tu appelles Quesner à ton retour à Montréal. Ne serait-ce que pour le saluer de ma part.

Ça m'était sorti de l'esprit, à vrai dire... jusqu'au moment d'écrire ces quelques lignes !

Du coup, c'est décidé, je lui téléphone sur le champ.

De l'aéroport de Bagotville au Centre des congrès, il faut compter une bonne vingtaine de minutes en voiture. Heureusement, le trajet est beaucoup plus agréable maintenant que l'autoroute qu'on promettait aux Saguenéens depuis une éternité est enfin terminée. En arrivant à dix-sept heures à l'hôtel, j'aurai amplement le temps de monter me rafraîchir dans ma chambre avant de redescendre officier au Salon du livre dont je suis cette année le parrain d'honneur.

M'est-il permis de souhaiter que personne ne me prenne pour l'ami Laferrière, cette année?

— Vous êtes Monsieur Péan, je parie, de me balancer le chauffeur, du tac au tac. Ça fait long-temps qu'on ne vous avait pas vu…

— Je reviens pourtant dans la région une fois par année au moins, pour le Salon.

— Ah, peut-être. C'est vrai que moi, je n'y vais pas tout le temps. J'étais certain d'avoir joué au baseball avec vous, mais vous avez d'l'air pas mal plus jeune que je le pensais…

— C'est sûrement avec mon frère Steve que vous avez joué au baseball : c'est lui, le sportif de la famille.

— Pis vous, vous êtes l'intellectuel, comme monsieur votre père…

Il ne croit pas si bien dire. En dépit de la tendre guerre que nous nous livrions l'un l'autre durant mon adolescence, nous avions la littérature pour terrain d'entente et de communion. Je me souviens d'ailleurs avec une certaine émotion de ces dimanches après-midi que nous passions lui et moi devant le vieux téléviseur noir et blanc du sous-sol, à regarder avec délectation Bernard Pivot et ses invités sur le plateau d'*Apostrophes*.

— Vous avez connu mon père ? Vous ne le confondriez pas avec mon oncle Émile ?

— Non, non, c'est votre père, je suis sûr, qui m'a enseigné le français à Guillaume-Tremblay à la fin des années soixante. Votre oncle, qui enseignait les mathématiques, je crois, je ne l'ai pas eu comme prof, lui. Mais vous ne deviez même pas être encore au monde, dans ce temps-là.

— Oh, j'étais déjà né, mais pas très vieux. Il y a juste mon frère cadet qui soit né ici, à l'hôpital de Jonquière…

L'hôpital de Jonquière, oui, sur ce boulevard qui s'appelait autrefois du Centenaire. Tout près de l'école où j'ai fait mes trois premières années du primaire et de l'église où j'ai reçu les sacrements catholiques d'usage.

— Vos parents vont bien? Ils vivent encore dans la région?

— La santé de ma mère n'est pas si mal. Elle vit à Québec depuis des années. Mon père est décédé en novembre 1987.

— Excusez-moi. Je le savais pas.

— Il n'y a pas de mal. Vous n'étiez pas obligé de le savoir.

Nous marquons une pause. L'hôtel n'est plus bien loin, je devrais en apercevoir la tour d'une seconde à l'autre. Je m'émerveille toujours de cette absurdité: mon patelin Jonquière, qui n'est maintenant plus qu'un arrondissement de la grande ville de Saguenay, est à ma connaissance le seul endroit au monde dont le Centre des congrès se dresse en plein milieu de nulle part, loin du centre-ville, entre un grand pâturage pour vaches et une autoroute.

— C'était vraiment un grand bonhomme, monsieur votre père. Cultivé comme ça se pouvait pas, qui citait Jean Racine à toutes les deux phrases. Je suis bien content de l'avoir connu.

Un grand bonhomme, en effet. À l'hôpital de Jonquière, dans sa chambre de malade, Mèt Mo prenait plaisir à me présenter aux collègues qui se pressaient à son chevet comme son fils écrivain, moi qui n'avais alors publié que quelques petites nouvelles dans des revues méconnues. Le fin connaisseur de grande littérature française classique qu'était mon père ne goûtait guère ces premières histoires de science-fiction et de fantastique, mais entretenait l'espoir de me voir écrire et publier un jour de «vrais» livres.

J'aperçois enfin le Centre des congrès. Le chauffeur et moi échangeons les dernières civilités. Il promet de passer me saluer au Salon au cours du week-end. Il est le bienvenu, je serai là tous les jours. Je paie, empoche la monnaie et le reçu qu'on m'a tendus, descends et récupère mes sacs.

Je suis arrivé. Fin de la course.

Du moins, la fin de celle-ci.

G

L'OUVRAGE *TAXIMAN*
DE STANLEY PÉAN
EST COMPOSÉ EN ADOBE GARAMOND PRO CORPS 12/13.5

IL EST IMPRIMÉ SUR DU PAPIER FSC-SILVA ENVIRO 110 CRÈME
CONTENANT 100%
DE FIBRES RECYCLÉES POSTCONSOMMATION
EN JUILLET 2010
AU QUÉBEC (CANADA)
PAR MARQUIS IMPRIMEUR
POUR LE COMPTE DES ÉDITIONS MÉMOIRE D'ENCRIER.